JN207539

影響力を上げる

タイガーマスク運動を始めた人の「つなぐ力」

河村正剛

CCCメディアハウス

２０１０年のクリスマス、
「伊達直人」を名乗る人物が、
児童相談所にランドセルを贈った。

匿名の個人は他者を動かした。
寄付活動は全国に広がり、
「タイガーマスク運動」と呼ばれる。

本気の思いは、
行政も企業も動かす力を秘めうる。
そのために、

影響力を上げよ。

はじめに

本気になれば一人でもできることがある

2024年11月7日は加茂のタイガーマスクさん、12月17日は川越のタイガーマスクさん――年末になると、サンタクロースに混ざって、素顔を隠した善意のタイガーマスクが全国各地に現れます。児童福祉施設などにいる子どもたちに贈り物を届けるために。

匿名の個人による寄付活動は「タイガーマスク運動」と呼ばれ、年の瀬のニュースとして、今やすっかり定着しています。

毎年どこかで見聞きするので、すでにご存じの方も多いかもしれませんが、「タイガーマスク運動」は2010年のクリスマスに、たった一人の行動から始まりました。それは群馬県前橋市の児童相談所に10個のランドセルが寄付されたことがきっかけでした。贈り主の名は「伊達直人」。漫画『タイガーマスク』の主人公の名前でした。

　時が流れて２０１６年12月。ランドセルの贈り主が、当時30代の名もなき一市民だったとわかりました。本人が正体を明かしたからです。東京に本社がある業務用カラオケ機材を扱う会社で営業マンをしている人物でした。

　そんな注目に値することがなさそうな人物、言わばインフルエンス力も社会的な権力もなさそうな人物が、どうして社会にインパクトをもたらす大きな動きを起こすことになったのでしょう？　単なる偶然なのか、戦略があったのか？　戦略があったならば、その計画はどういうものだったのか？　そしてなぜ、今さらあえて正体を明かすことにしたのか？

　目立ちたかったから？　いいえ、違います。

　彼が「伊達直人」を名乗り、「児童相談所」にランドセルを寄付した裏には、熱い思いと、明確な戦略がありました。あの行動は作戦でした。

人は本気になれば、たった一人でも大きなことを実現できるのです。
そのために必要なのは「影響力」を上げること。

「影響力」って、「インフルエンス力」のことでしょう？　たくさんの人を揺り動かすような「発言力」のことですよね？　――確かにそういう一面もありますが、違います。

何かを本気で実現しようとする時、不特定多数の注目をただ集めることには大した意味はありません。発言が消費されて終わる。それだけでは何も実現しません。

そうではなく、「本当の影響力を持つ人」とは、気持ちよく賛同してくれる人を集めるための「人と関わる力」「人の親身になる力」「壁を突破する力」「人をつなぐ力」を備えた人です。

「影響力」とは、
自分のために実際に行動してくれるほどの影響を
誰かに与えるその力

です。

本書は、今ある自分の思い（企画、願い、目標）を実現したいけれど、うまくいかない。そうした人に向けて、思いを実現するためのヒントをシェアしようというものです。


申し遅れました。河村正剛《かわむらまさたけ》です。

私が2010年に「伊達直人」を名乗った本人です。つまり「タイガーマスク運動」を始めた人ということになります。

個人での支援活動を原点に、今では行政や企業を巻き込んで、大きな規模での支援活動を実現しています。会社員をしながら、オフの時間を使って打ち込んできた個人での支援活動に、なぜ、ヒト・モノ・カネがついてきてくれたのか。そのためにやってきたことをお伝えしていきましょう。

第1章 人と関わる力

第2章 人の親身になる力

第3章

壁を突破する力

第4章 人をつなぐ力

第1章

人と関わる力

「ぼくは何のために生まれたのか？」
――人生を懸けた問いとの出会い

私は大分県に生まれたそうです。8歳になる小学校2年生で福岡県の北九州市に引っ越して高校3年生まで過ごしました。

大分での記憶はほとんどありません。だからメディアの取材を受ける時には福岡出身と言っています。しかし、よく覚えていないとはいえ、大分での幼少期はかなり特殊なものだったようです。私には両親という存在がいなかったからです。

自分の姉、おじいちゃん、おばあちゃんと一緒に暮らしていました。そこは母親の実家だったようです。

母は私が3歳の時に亡くなりました。だから、私には母についての記憶がありません。

小学校2年生に上がる時に、私には父親がいると知らされました。

ぼくにはお父さんがいたんだ。

その父に引き取られるかたちで、私と姉は福岡県に引っ越すことになりました。父と、姉と、私。いわゆるシングルファーザーの家庭です。やっとお父さんに会えた。しかし、待っていた生活は過酷なものでした。

父は姉を可愛がる一方、私には厳しく当たりました。殴られ蹴られ、食事も姉の食べ残しを食べるよう言われました。子ども心に疑問が募りました。

「なんで、ぼくにだけこんなことするの？」

父からの答えは衝撃的なものでした。

「お前はおれの子じゃないんだ」

自分の運命を悟った瞬間でした。

「じゃあ、ぼくは誰なの？　ぼくは誰の子なの？」

父は答えてくれません。それ以降、私は「自分はいったい誰なんだろう？」という葛藤を抱えることになりました。

小学校には通っていましたが、今でいう虐待と育児放棄のような状態が続きました。

「お前が中学を卒業したらもう面倒を見ない」

父からは、そう言われていました。姉が高校を卒業して家を出てしまうと、父と私、二人きりの生活が待っています。それを望まなかったのでしょう。

予告通り、私が中学校を卒業すると、父は養育を放棄しました。それを機に父との関わりがなくなってしまいました。

僕は今も自分の出自がわからない。
自分が誰だかわからない。
この苦悩はたぶん一生続く。

僕はこの『苦悩』を
人に対する『優しさ』に変える。
困っている人を支える『力』に変える。

一人でも多くの人を支えたい。
この思いは変わらない。

人には人の前提がある
――自分の名の由来が答えられなかった

かつて、『あばれはっちゃく』というテレビドラマがありました。もともとは子ども向けの小説だったものがテレビドラマ化され、毎週土曜日に放送されていました。人情味のあるガキ大将が主人公で、彼はたびたび職人気質《かたぎ》のお父さんに蹴っ飛ばされました。実際、私が小学生だった40年以上も前、親が子どもを叩くことは珍しいことではありませんでした。ご近所から親が子を怒鳴る声が聞こえてくるようなことは日常的でした。

今なら虐待として問題になるかもしれないような状況が見過ごされやすかったのは、時代のせいかもしれません。

父にげんこつで殴られ、たんこぶを作って登校したところで、学校の先生からは「何か悪いことでもしたのか？」と言われる始末でした。「お父さんに叩かれた」と訴えたところで、「どうせ、あなたが悪いことをしたんでしょう」と言われるような時代だったのです。

よほどのケガでもしていない限り、叱られるようなことをした子が悪いという前提で物事が進んでいきました。学校の先生たちも子どもを叩くような時代でした。家庭での体罰が問題視されることはなかったのです。

学校行事に父が参加することはありませんでした。

忘れられないのは、授業参観での出来事です。

自分の名前の由来について作文を書いてくるよう、事前に宿題が出されていました。10歳になる記念、今でいう二分の一成人式のような意味を持った宿題でした。家庭で両親にヒアリングして、それを作文にするわけです。当日はみんながその作文を発表することになっていました。

困ってしまいました。私には本当の家族のことも、自分の名前の由来もわかりません。結局、宿題の作文を書くことができませんでした。

先生にそのことを伝えると叱られました。

その先生には、すべての子には親がいて、自分の素性くらいわかるはずだという思い込みがあったのかもしれません。自分が受け持つ児童に、そうした基本的な情報すらわからないような子がいるとは、考えもしなかったようです。

当日のことは鮮明に覚えています。

座っている順番で先生に指名され、作文を発表していきます。私の前の席の子が作文を読み終えました。次は私です。

しかし先生は、私がそこにいるにもかかわらず、まるで誰も存在しないかのように次の子の名を呼びました。私だけが飛ばされてしまったのです。それ以降、先生は私に対して面倒くさそうな態度を取るようになりました。

当時の社会状況について触れておくと、確かにひとり親家庭というのは今より珍しい存在でした。

近年では結婚する人の数も減っていますが、婚姻数あたりの離婚率を比較すると、1970年には9・3％（10組に1組未満）でした。それが、1995年には21・8％

（5組に1組）となり、2000年以降は33%以上（3組に1組）まで増えています。

私が子どもの頃は離婚のハードルも今よりは高かったはずです。

多くの家庭では母親は専業主婦でした。今、70代や80代になっている当時の母親たちは、働くとしてもパート程度で、女性の社会進出が現在ほど進んでいませんでした。共働きの家庭は少なく、キャリアウーマンという言葉すら珍しかったのです。

学校が終わって友達の家に遊びに行くと、たいてい家にはお母さんがいて、おやつを出してくれるような時代でした。

そのような時代背景では、経済的な事情もあって離婚率が低くなります。シングルマザーやシングルファーザーの家庭は珍しいものだったでしょう。

当時の私は、こうした事情をデータではなくリアルな実感として体験することになったので、子どもにとっては酷なことだったかもしれません。しかし、洞察力と想像力が養われる機会にはなりました。

先生はなぜ怒ったんだろう？

その問いを深めることで、「人には人の前提がある」ということがわかりました。

人には人の前提がある。

つまり、自分の前提が他者に当てはまらないことはいくらでもある。だから、バイアスを捨ててフラットに物事を見ようとする。これはいろんな人を巻き込んで仕事をするうえで、とても役に立っています。

居場所がなくても生きる
――やさしかったご近所は元祖「子ども食堂」

家庭に私の居場所はありませんでした。

いちばんの救いとなってくれた場所は、近所の幼馴染の家でした。

その家のご両親は、私のことをよく気にかけてくださいました。食事に困っている私に対して、「うちで食べていきなさい」と、しょっちゅう声をかけてくださいました。その家には子どもが二人いました。

「二人分作るのも三人分作るのも変わらないから」

そんなふうに言って、頻繁に食事に呼んでくださったのです。

自分の家で食べるよりも、幼馴染の家で食事をすることのほうが多かったほどでした。年末年始さえもそこで過ごさせていただくことがありました。

私を助けてくださった幼馴染の家は、私にとっては「子ども食堂」のような存在だったと言えるかもしれません。

このように「うちに食べにおいで」と言ってくださる友達の家が、他にも何軒かありました。

私のような子どもは特に土曜日にひもじい思いをすることになります。週休二日制ではなかった当時、土曜日は「半ドン」と呼ばれて、午前中だけ授業があるのが一般的でした。給食はなく、昼までで帰宅するのです。

そんな土曜日に「昼ご飯食べていく?」と声をかけてくださったのです。そうして何とか食いつなぎました。ありがたかったです。

今と比べると、当時は人の家に上がることへのハードルが低かったように思います。それは私のような境遇の子どもにとって幸いでした。

学校生活では、特にいじめられたという経験はありません。私はランドセルを買ってもらえなかったので、手提げバッグで通学していました。それについて、級友たちからは率直な反応がありました。

「なんでランドセルを持ってないの？」
「貧乏なの？」
「お父さんとお母さん、なんでいないの？」
「死んだの？」
「捨てられちゃったの？」

質問は遠慮なく投げかけられました。しかしそれらは、悪意のあるいじめというよりも、幼い子ども特有の素直な反応でした。

小学校の中学年、高学年になっても、中学校に上がってからも、家庭環境を理由にいじめられるということはありませんでした。クラスの役職を任されたりするような子どもでした。

社交的な性格が役立ったのかもしれません。というより、うまくやっていくために社交性が身についた。
自分で何とかするしか、なかったから。

ということなのかもしれません。
人間関係を築くことが自然と得意で、周りの人たちとうまく関わることができたことは私にとって救いでした。

保護者がいないという壁
――履歴書の「家族構成欄」が書けない

中学校を卒業すると同時に一人暮らしを始めることになりました。

これからのことを思うと不安でしたが、幸いにも支援がありました。父の父、私にとっては父方のおじいちゃんにあたる人が助けてくれたのです。

祖父は私のことを実の孫だと思っていました。高齢だったので病気で入院していましたが、私のことを可愛がってくれる人でした。

祖父にも経済的な余裕はそれほどありませんでした。それでも、知人の紹介で見つけてきたという長屋のようなアパートの家賃と光熱費を3年間支払ってくれることになりました。風呂もエアコンもありませんでしたが、住む場所があるというのはありがたいことでした。

家賃と光熱費の援助だけでは生活していけなかったので、必然的にアルバイトをしなければなりませんでした。

ここで大きな壁にぶつかりました。

社会は、誰にでも保護者がいることを前提につくられている。

そのことを痛感したからです。

そもそも未成年者が一人暮らしをしようとすると、まず、部屋を借りる時に高いハードルがあります。

すでに結婚している未成年者は別として、独身の未成年者が賃貸契約を結ぼうとすると親権者の同意が必要になるからです。仮に親権者の同意を得ていたとしても、入居審査で貸主さんが部屋を貸すのを嫌がるケースもあるでしょう。

私の場合は、祖父のサポートのおかげで一人暮らしができましたが、祖父がいなければどうなっていたか。

問題は住まいのことだけではありませんでした。保護者がいないことで響いたのが、アルバイトに応募するための履歴書の問題です。

今の履歴書はプライバシーに配慮した内容になっています。しかし当時の履歴書には「家族構成」という欄がありました。父親、母親、兄弟姉妹などの家族関係を記入する欄です。

私には父がいました。しかし、関係が断たれてしまった父の名を許可なく書くことには遠慮がありました。仕方なく、家族構成欄を空白にしたまま履歴書を提出しました。どの応募先からも不信感を持たれました。採用されることはありませんでした。

弱みを抱えた者同士
――建設作業現場での出会い

通常のアルバイトができない状況で選んだのは、日雇いの建設作業員の仕事でした。この仕事には、履歴書も必要なかったし、面接もありません。その日その日で仕事を得ることができるのです。

具体的な仕事の見つけ方は、以下の通りでした。

朝6時ごろ、駅前のロータリーに行くと、作業員たちを乗せるワゴン車が止まっています。スライドドアを開けたワゴン車のそばに親方のような人が立っています。そこに作業着を着た労働者たちが集まってきます。

親方は、その日の現場の場所、日当、弁当の有無などを説明します。労働者たちは条件を聞いて判断し、納得すると車に乗り込みます。

この仕事の特徴は、その日働いてその日のうちに現金で給料がもらえることです。

仕事が終わると「はい、今日の日当」と封筒を手渡されるのです。もちろん、保険などの福利厚生は一切ありません。

時として理不尽な目に遭うこともありました。

８０００円と約束されていた日当が、実際には６０００円しか支払われなかった、なんてこともありました。

「今日はこれしか出せなかった」という一方的な説明で済まされてしまいましたが、実際には８０００円が支給されていたのに、仲介者が２０００円をピンハネしていた可能性だってあります。

建設作業員の仕事を始めた当時、私は16歳でしたが18歳だと偽って仕事をしていました。払ってくれない相手も悪いが、私も年齢を偽って働いている立場でした。お互いに弱みを抱えている状況で、不当な扱いを受けても声を上げることなどできませんでした。

しかし、建設作業員の仕事を通じて、人生を大きく変える出会いもありました。

様々な現場を回る中で出会った土建屋の社長さんとの出会いです。

その方は私の嘘に気づいて、「本当は何歳なんだ？　高校生だろう」と声をかけてくれたのです。正直に事情を話しました。すると、その社長は母子家庭で育ち、生活苦を経験してきた話を打ち明けてくれました。母親に楽をさせたいという思いで建設業界に入り、自分で会社を起こした方でした。

私の境遇を知った社長は「うちに来い。専属で雇ってやる」と言ってくれました。日当８５００円、弁当付き。

36年前としては破格の待遇でした。１９８９年当時、アルバイトの最低時給が５００円未満だったことを考えると、かなりの厚遇です。

約束された給料が支払われないようなことは、もちろん一度もありませんでした。

この出会いは、後の私の人生にも大きな影響を与えることになります。

もらった御恩をいつか何かの形で返したい。

私の中に、小さな目標の火が灯った瞬間だったように思います。現在、私がひとり親家庭の支援に力を入れているのも、この経験と御恩が根っこにあるからです。

人の多様性を知る
――日雇いの仕事に集まる人々

子どもの頃からの社交的な性格のおかげで、建設現場でも年上の作業員の方々に可愛がられました。

「あんちゃん、俺の弁当持っていきな」と声をかけてもらったり、飲み物をおごってもらったり。本当に良くしていただきました。

急に大人の社会に入ったことで養われたものは、人を見る目と、年齢差のある人と付き合う能力です。

今思えば、日雇い労働の現場にはある種の多様性がありました。履歴書も面接も不要という状況が、いろんな人々を引き寄せるのでしょう。

わけがあって、他の職に就くことが難しい人もいました。意外なところでは、副業が禁止されている公務員の方々なんかもいました。学校の先生や警察官がお小遣い稼ぎとして日雇い労働に来ているということもあったのです。

昼食を一緒にとりながら「おっちゃんは何をされているんですか？」と聞くと、「実は先生なんだよ」などと打ち明けてくれました。

現場で顔を合わせる機会が増えると、自然と会話が生まれます。

まだ高校生だった私にとっては、20代の人でもずいぶん年上の大人に見えました。わけありの人の本業が最初から明かされることはありませんが、人間関係を築いていく中で、少しずつ相手の素性がわかってくるのです。

社交的な性格は、子どもの頃から今に至るまで、私の人生において大きな特徴となっていますが、建設作業の仕事でいろんな方と付き合ってきたことがその特徴をさらに強化してくれました。

建築作業の現場では、年齢や立場は人との関わりにおいて大きな障壁にはなりませんでした。

人には人の前提がある。

それを理解し、礼儀正しく人と付き合っていこう。

だから今も私は、60代、70代の年長者であろうと、知事や市長といった地位のある方であろうと、臆することなく関係を築くことができるのだと思っています。

「権力」ではなく「コミュニケーション」。

僕は行政支援や民間支援など
多くの支援に取り組み、
その中で多くの方々と関わっています。

序列もない、主従関係もない、
そんななかで
連携を深めていくのに必要なもの、
それは「コミュニケーション能力」です。

人との関わり方と独自の感性
――恨まない、悲観しない

社交性がどう育まれたかと考えると、持って生まれた性格もありますが、環境による影響もやはり大きかったでしょう。

近年、「親ガチャ」なんて言葉が話題になりました。子どもは生まれる環境を選ぶことができないという偶然性を示す言葉で、2021年の流行語大賞にもランクインしました。そうした「親ガチャ」で言うならば、多くの人は私の環境を「ハズレ」と思うことでしょう。

しかし当の私には、人を恨んだり、世の中を呪ったりするような感情は意外なほどありませんでした。それは今も変わりません。

確かに周りから見れば不遇な環境だったかもしれません。もちろん、「なぜ自分がこういう目に遭うのか」という思いは常にありました。身寄りがなく、自分の出自がわからないという運命について考え続けていました。

しかし悲観はしませんでした。

今いる環境で、できる限りのことをしようと考えていました。

むしろ、この経験を何かに活かそうという気持ちが自然と湧いてきました。

環境をどう変えていけるかを考えることはクリエイティブでした。自分なりの対処法を見つけて実践していきました。どう精一杯生きていけるかを考えざるを得なかったのかもしれません。


小学生の頃の私に、「社交的に振る舞うことが得だ」という計算ずくの判断があったわけではありません。確かに成績は良いほうでした。運動もできたし、文武両道の子どもだったと思います。しかしそれ以上に、私に人と違う強みがあったとするならば、

人との関わり方について早くから独自の感性を持っていた

ということです。

たとえば私は、性格が合わないと感じる相手とも、うまく付き合っていくことができました。これは後の人生にも大きく影響する特質だったと思います。

フレンドとビジネスパートナー
――合わない人ほど無理して長所を探す

社会人になると、好きな人とも嫌いな人とも、気に入る人とも気に入らないと人も、様々な人との関係を築いていかなければなりません。その時、特に重要だと感じているのは、「フレンド（友人）」と「ビジネスパートナー」を区別する考え方です。

プライベートでは親しく付き合えないけれども、ビジネスパートナーとして考えるならば優れた人という相手は周囲にたくさんいます。しかし、多くの人は「一緒に飲みに行けない」「生理的に合わない」という理由で、そうした人との関係をビジネス上でも切ってしまいがちです。

私はそれをもったいないと考えます。人の嫌な部分ばかりが目についてしまうのは人間の性《さが》です。仕方のないことです。

「すぐ怒鳴る」「話が長い」「自分のことしか話さない」「割り勘の時に細かい」など、自分が関わる中で得る不快感をその人の特徴として、人を判断してしまいます。

しかし、どんな人でも必ず光るものがある。

私は子どもの頃から、人のいい所を探すように心がけてきました。そのほうが自分も気持ちよくいられるからです。相手の短所ばかりに目を向けるのではなく、「この人の長所はどこだろう」と考えるようにしています。

特に、周りから悪く言われている人ほど、その人の持つ独自の価値を見出そうと努めます。

こうした私の人付き合いの感性は、何も天性の才能というわけではありません。意識して訓練すれば身についていきます。

私の場合も出会う人それぞれの良さを見つけようとしてきた結果、自然とそういった視点が身についたように思います。

党派性に与《くみ》しない——一人活動の強み

いろいろな人と関わりを持つと、時として「あの人って八方美人ですよね」と評価されることがあります。あちらの顔もこちらの顔も立てるのは難しいということがあるものです。

たとえば、私は行政支援に取り組んでいるので、政治家との関わりが必要不可欠です。そんな中では、与党の政治家とも野党の政治家とも区別なく関わってきました。もちろん両者には、明確な政治信条やスタンスの違いもあります。

そこでどうするか？

私の基本姿勢は「是々非々」です。つまり、良いことは良いとして受け入れ、そうでないことはそうでないと判断します。

A党と関わったからといって、B党やC党とは関わらないというようなことはありませんでした。そうではなく、私が目指すゴール、本質の部分を共有して理解してもらうのです。「市民のために活動している」といった大きな本質です。

こうした本質というものは抽象的な概念かもしれませんが、多数の人が共有しやすいものです。本質とは、そこに至るための瑣末な食い違いや、具体的な方法論をもまるっと包み込むような大きなものを指します。

これは政治の世界に限った話ではありません。様々な組織のリーダーとの関わりにおいても同じ考えで接しています。

目標（大きなゴール）を共有してくれる人々に賛同を求める。その際、無理強いはしません。あくまで「最終的な目標を共有しましょう」というスタンスを取ることで、様々な立場から多くの賛同者が集まってくるのです。

仮に、匿名の寄付活動として社会に定着した「タイガーマスク運動」を、私が創り出したブランドだと考えてみましょう。この運動はA社という企業、あるいはA党という政党のような既存の組織に属するのではなく、河村という個人で創り出した運動だったからこそ、様々な立場の人々が関わってくれました。

同様に、今、私が力を入れている食糧支援の活動では、行政や企業のいろんな人たちが「食べるものに困る家庭をなくす」という同じ目標（ゴール）のために協力してくれています。

重要なのは、「目指すところが同じ」である、ということです。

職業や立場が違っても多くの人たちが最終的には「市民のため、人々のため」と考えています。だからこそ、その共通の目的に向かって一緒に取り組もうと呼びかけるのです。

山頂という、みんなが目指す共通のゴールがあり、そこに至るルートは様々あるかもしれません。しかし、「最終的な目標は山頂に到達することだ」という本質を見失わないことが大切です。

先生はそっと応援してくれた

土建屋の社長さんのもとで働くようになってからは、学校を休まざるを得ないこともありました。建設現場の仕事には夜勤もありました。夜8時から朝5時までといったシフトです。本来なら18歳未満はしてはいけない仕事です。夜勤明けは仮眠を取ってから登校するので、遅刻することもありました。

当時住んでいたアパートには電話もありませんでした。学校を休む時も電話をしないと無断欠席になってしまいます。しかし、先生がたは私の状況を理解してくれていたようです。「今日は河村がいないな」と気づいても、「きっと働きに行っているんだろう」「ああ、夜勤だったのか」と察してくれていたのです。

私は先生がたには自分の境遇について話していました。

具体的な支援を申し出てくれる先生はいませんでしたが、「頑張れよ」と応援の言葉をかけてくれました。高校は義務教育ではありません。そんなこともあってか、私の欠席にも寛容な姿勢で接してくれたのです。

当時の教育事情を振り返ると、高校進学が今ほど当たり前ではない時代でした。第二次ベビーブーム世代で、同級生の数が非常に多かったですし、3人きょうだい、4人きょうだいといった家庭も珍しくありませんでした。長男だから高校に行くべきだとか、きょうだいが多い家庭では女子は中卒で働き始めるといったケースもありました。家業を継いで中学卒業後すぐに働き始める人もいました。

そのような時代背景でしたが、私は高校進学を選びました。中卒で働くか、苦労してでも高校に通うか、という選択を迫られた時、どうしても高校は卒業してみたいという思いがあったからです。

ただし、これは純粋に学問への興味からというわけではありませんでした。現実的に考えて、大学や専門学校への進学は無理だと割り切っていました。

高校だけは卒業したいという思いで、働きながら学び、ついに卒業証書をいただいた時は、やはり嬉しくて涙が出ました。担任の先生からも「よく頑張ったな」と言ってもらいました。その言葉は今でもはっきり覚えています。

社会の偏見の目を知る――警察が来た

建設作業員の他には、お祭りなどで露店のアルバイトもしました。やはり履歴書がいらないアルバイトでした。このような仕事しか選択肢がなかったことが、保護者不在という私の立場をよく示していました。

保護者不在の人間に対する世間の風当たりの強さを特に痛感したのは、一人暮らしに対する偏見を感じた時です。高校を卒業してから一人暮らしを始めることと、18歳未満の子どもが中学卒業後に一人暮らしをすることでは、周囲の反応がまるで違うのです。高校卒業後の一人暮らしなら「若いのに大変ね」「頑張るんだよ」と励まされることも多いでしょう。しかし、中学卒業後の18歳未満の一人暮らしだと「なんで？」という偏見の目で見られてしまうのです。

風呂なしアパートに一人で住み、高校に通っていた時は、いろんな人から「なぜ一人暮らし？」「お父さん、お母さんは？」とくり返し質問されました。両親がいないとわかると、どこか気味悪がられるようになりました。

何か問題が起きると、「あの子の仕業じゃないか」と疑われます。暴走族が走っていると「あの家に行くんじゃないか」と噂されるような始末でした。

あるとき、突然アパートに警察官がやって来ました。驚いてドアを開けると、あからさまに酒やシンナーの臭いを嗅ぎ取ろうとしているのがわかりました。交番への任意同行を求められましたが、それは実質的な強制連行でした。「高校生の一人暮らしは危険だから地域から出ていってほしい」という住民からの通報があったというのです。「なぜ親がいないのか」「戦後でもないのに」と、一方的に追い詰めるような取り調べが行われました。「何かあったらこの地域から叩き出す」という脅し文句まで投げかけられました。

私が中学生だった昭和から、高校生になった平成への変わり目の時期、社会は「保護者がいて当たり前」という前提で成り立っていたと先述しました。警察にさえ「今時保護者がいないような子はいない」という態度の人がいたのです。

孤児だったことで
周囲の大人からよく馬鹿にされた。

「うちの子に近寄るな」とか
「この街から出ていけ」とまで言われた。

悲しかった。悔しかった。苦しかった。
だから僕は困っている人たちを支えたい。
一人でも多く。

人間の本質を見よう
——虐待も偏見もつらかったけれど

高校に通いながら一人暮らしをしていた経験を通じて、親の有無によって世間の見方が大きく異なるのだと痛感しました。

私の場合、父と暮らしていた時は苦労したものの「親がいる子ども」として見られました。虐待はあくまで家庭内の出来事として扱われ、地域からの偏見はそれほどありませんでした。

しかし、一人暮らしを始めると、状況が一変しました。確かに日常的な虐待からは解放されましたが、その代わりに「親のいない子」として世間の厳しい目にさらされることになりました。私は高校生の時に、「みなしご」「ひとりぼっち」といった社会の冷たい視線を経験することになったのです。

振り返ると、中学生までは虐待や育児放棄という家庭内の問題、高校生になってからは身寄りがないことに対する世間の偏見を経験してきたことになります。今となっては、すべて貴重な経験でした。

このように、一人暮らしの未成年者に対しては、良くも悪くもバイアスがかかりやすいものです。事情を知って「苦労している子だから助けてあげよう」と協力的になる人もいれば、「あの家は様子がおかしいから付き合うな」と避けようとする人もいます。

人との付き合い方について、私は、

表面的な情報だけでなく、その人の本質的な長所を見出そう

と心がけています。「家族がいない」「一人暮らしをしている」などと、家庭環境や住んでいる地域、家族構成といった表面的な情報だけで勝手に決めつけ、私を悪い人間だと見た大人を反面教師としたからです。

私はその人自身のことをちゃんと見たい

と思うようになりました。

このような経験は私の人を見る目を磨く助けとなりました。特異な環境だったおかげで、社会人になる前の段階で、人間を理解することの必要性を学べました。

児童養護施設の保護対象とは

私の場合、祖父のおかげで高校時代に一人暮らしをすることができたとお伝えしました。しかし身寄りがなく、援助もない子どもの場合はどうなるのでしょうか？　現在は、未成年で一人暮らしをするのは非常に難しく、多くの場合、児童養護施設での保護が一般的です。

児童養護施設については興味深い点があります。施設では中学生や高校生を「高齢児」と呼びます。学校教育の現場では一般的に、小学生を「児童」、中学生以上を「生徒」と呼びます。しかし施設では18歳まで「児童」という呼び方をするのです。これは、学校教育法と児童福祉法という異なる法律の定義によるものです。

私が高校生だった頃の状況は現在とは大きく異なっていました。約20年前まで、中学生や高校生の「高齢児」は施設での保護対象外とされることが一般的でした。特に高校生は義務教育を終えているため、「保護する必要がない」という考え方が主流でした。

その結果、保護を必要とする子どもたちの多くは中学校を卒業すると就職するしかありませんでした。しかし、就職先も限られており、履歴書不要の仕事にしか就くことができないケースが多くありました。そこで多くの場合は親戚に保証人になってもらい、住む場所や就職先を確保することになりました。

現在の児童養護施設は高校卒業時に退所するのが一般的です。ニュースなどでは、あたかも18歳で突然追い出されるように報道されることもありますが、実際にはもっと計画的な取り組みがなされています。

施設では、中学生の頃から5～6年かけて、退所後の生活に向けた準備を始めます。「高校を卒業したらここから出ていく」という現実を、子どもたちに段階的に理解させていくのです。決して18歳で突然の退所を告げられるわけではありません。

具体的には、その子が高校卒業後に何をしたいのか、実家に戻れる可能性はあるのか、就職するのか、あるいは専門学校や大学、短大に進学したいのか、といったことを、中学生の時から少しずつ話し合っていくのです。

現実的な進路選択では、学力が重要な要素となります。

多くの場合、中学1年生くらいで、ある程度の学力傾向は見えてきます。残念ながら、児童養護施設の入所者は学力が低めの子どもが多いです。そのため、高校入学時点には、ある程度将来の進路選択の範囲が見えてくるということも事実なのです。

児童養護施設の子どもたちの学力が全体的に低めになる理由は、主に環境的な要因にあります。生まれ持った能力の問題というよりも、これまでの生活環境が大きく影響しているのです。一般的に、偏差値の高い高校に入学すると、周囲の環境に影響されて自然と勉強するようになります。偏差値60以上の高校では、みんなが勉強している環境の中で、自然とその流れに乗ることができます。

しかし、児童養護施設に入所する子どもたちの多くは、それまで勉強する環境とは程遠い状況にいます。食事も満足に与えられなかったり、虐待を受けていたり、常に不安定な環境で過ごしてきた子どもたちにとって、机に向かって宿題をする、予習をするといった日常は想像すらできないものだったりするのです。

現在の児童養護施設の多くは、大人数の集団生活ではなく、5〜6人程度の小規模なユニット制を採用しています。しかし、それでも一般的な家庭のような学習環境をつくり出すのは難しいという現実があります。

施設の職員たちは、勉強を教えることよりも、様々な理由によって施設に来た子どもたちの心を癒やすことを優先せざるを得ません。愛情を知らない子どもたちもたくさんいます。そうした子どもたちには、まずは優しく接することから始める必要があります。

そのため、施設の子どもたちの学力はあまり高くない傾向で、進学先も商業高校、工業高校、農業高校などの実業系が中心となります。普通科高校への進学は極めて少数派なのが現状です。

児童養護施設では、子どもたちの将来に向けた経済的な準備も重視されています。高校生の間に50万円程度の貯金を目標にすることが一般的で、中学生の頃から「あなたの進路はこうだから、これくらいは貯めておきなさい」といった具体的な指導が行われています。

そして施設で暮らす子どもたちの高校進学に関わる費用は、すべて公費で賄われます。小学校入学時のランドセル購入なども含めて、教育に必要な経費は税金で賄われているのです。

私は児童養護施設の子どもたちとは全く異なる道を歩みました。しかし当時から、自分の経験は特異であるだけに貴重なものだという認識を持っていました。周りには同じような環境の人がおらず、自分だけの特別な経験を活かす機会があるはずだと感じていたのです。

厳しい生活でしたが、学校では多くの友人に恵まれました。私の高校時代の同級生の中には、私が一人暮らしをしていたことすら知らない人もいました。

２０１６年以降、私がタイガーマスク運動を始めた人間であることがメディアで取り上げられるようになりました。それを見た同級生に、「河村くんってそんな生い立ちだったの？　高校時代は普通の子だと思っていた」と言われたこともありました。

第2章

人の親身になる力

使命感を膨らませる
——初めての支援活動

高校卒業後、私は神奈川県相模原市に移りました。就職先を探すのは困難を極めました。身寄りがない、保証人がいないという状況は、就職活動においても大きなハンディキャップとなります。スタートラインに立つことすら難しい現実がありました。履歴書に家族構成を書くことができず、かつてはアルバイトさえままなりませんでしたが、親戚の伝手《つて》をたどり、自動車整備工場で働く機会を得ました。車に興味はなかったものの、住居も手配してもらえるという条件に魅力を感じ、詳しい条件も確認せずに引っ越しを決意しました。

自動車整備工場では4年間働きました。この時期にはまだ具体的な社会貢献活動は始めていませんでした。しかし、将来は寄付や支援活動をしたいという思いは常に持ち続けていました。

日々の生活に追われる中でも、その思いが薄れることはありませんでした。自分の特殊な境遇には、きっと何か意味があるという確信があったからです。

周りには身寄りのない人、孤児として育った人がほとんどいませんでした。このような経験をした自分には特別な使命があるのではないか、こんな自分でも人の役に立ちたいと考えていました。相模原での4年間は、その使命感を少しずつ膨らませていった時期だったと言えます。

その後、23歳になる年に転職して東京へ移りました。入社したのは業務用カラオケ機材を扱う大手企業です。ここで営業職として新たな人生を歩み始めることになったのです。

初めての支援活動のきっかけは、この仕事の開始と同時期に訪れました。社宅の近くに児童養護施設があることを知り、そこに顔を出すようになったのです。

転職活動は、私にとって最後の挑戦でした。

「これで落ちたら福岡に戻ろう。東京に行くというのは、やはり夢物語なのだろう」

そう覚悟を決めて面接に臨みました。

面接での会話は今でも鮮明に覚えています。

「ああ、福岡の人なんだね」
「そうです」
「じゃあ東京に親戚とかは？」
「いません……」

この会社の規定では就職に際して保証人が二人必要でした。一般的には親や親戚が保証人になるのですが、私の場合は最低限、東京近郊で二人を保証人に立てなければなりませんでした。

途方に暮れた私は、辞めたばかりの整備工場の社長ご夫妻のところへ頭を下げに行きました。しかし、案の定、厳しい反応が返ってきました。

「うちが嫌で辞めて出ていったのに、なんで保証人になってくれなどと、そんな虫のいい話をするんだ」

その言葉は当然のものでした。

しかし社長の奥様が「引き受けてあげてもいいんじゃない?」と言って、保証人になってくださいました。

ルールは何のためにある？
――保証人がいない私に役員が問うた

無事に入社が決まり、研修期間は3ヶ月ありました。しかし、ちょうど1ヶ月が経った頃、思わぬ出来事が起きました。総務部長から呼び出されたのです。

「河村くん、ちょっといいかい。保証人のキャンセルの電話がきたよ」

時が止まったように感じました。

「言ったよね、保証人を立てられなかったら、うちへの就職は無理なんだよ。君は、この先、関東で保証人を二人立てられますか？」

「いや、無理です……」

「じゃあ研修期間はあと2ヶ月残っているけど、正直無理なんじゃないか。もうわかるよね、言いたいことは」

退職は避けられないものとなりました。

私は面接でお世話になった役員のところへ退職の挨拶に向かいました。

「申し訳ありません。研修期間3ヶ月のところを1ヶ月で辞めさせていただくことになりました。短い間でしたが、面接もしていただき、研修も経験させていただき、ありがとうございました」

すると、その役員が思いがけない言葉を投げかけてきました。

「総務部長から聞いたよ。保証人がキャンセルだって？　まあ待て。ちょっと河村くん、座りなさい」

そして、役員は私に問いかけました。

「河村くん、世の中にはいろんなルールがあるだろう？　なんでルールがあるかわかるか？」
「いや……いわゆる秩序が乱れるからでしょうか」
「そうだよな。ルールっていうのは守るものだ。しかし、時代の変化によって変えていくものでもあるんだよ」

私はすでに退職を覚悟していたので、何を言われているのか最初は理解できませんでした。この会社では身寄りのない社員の採用は初めてのケースでした。これまでは社員は保証人を必ず立てられるという前提で採用を行ってきたそうです。

続けてその役員は「河村くんは良い営業マンになれると確信した」と言ってくださいました。

私にはそれまで営業の経験は全くなかったので、内勤職を希望して臨んだ採用面接でした。しかし面接官や役員は、どうやら私に違う可能性を見出してくださったのです。

「君の話し方とか佇まいを見たら、営業マンにしか見えないんだよな」

そして、「内勤については後々考えるから、まずは営業をやってみな」という提案をいただき、晴れて営業職として入社することになったのでした。

そして、保証人の件で窮地に陥り、まだ状況をつかめないでいる私に対して、その役員は会社の採用ルールを変更する決断をしてくれたのでした。

「君は福岡の出身なんだろ」

「はい」

「じゃあ福岡の親戚で、一人でもいいから、名前だけでも、いないかな。別に印鑑証明を持って来いというわけでもないよ。福岡の人にこっちに来いとも言わない。名前と電話番号ぐらい書いてくれる人っていないか」

「それならいるかもしれません」

「それでいいよ。それで、君を採用するから」

ルールは守るもの。

しかし、変えていくもの。

このようにして私はその会社を退職せずに済みました。そして、この話には素敵な後日談があります。

人生で出会う重要な人物には共通点があることが多いのですが、この役員も実は母子家庭の出身だったと、後になって他の方から聞きました。

母親と弟との3人暮らしでした。高校入学後、このままでは家族が共倒れしてしまうかもしれないという危機感から、自ら高校を中退して飲食店で働き始めたそうです。母親を支え、弟を何とか高校に行かせたいという思いからでした。

そして成人してからこの会社に入社し、卓越した営業力を武器に着実にキャリアを重ねていきました。

営業重視の会社では、学歴ではなく営業成績で評価され、実力次第でどんどん昇進していくことができます。その方も実力を認められ、役員にまで上り詰め、そして採用面接に私が応募してきたというわけです。

母子家庭で育ち、家族を支えるために自己犠牲を選んだ経験から、その方は人を家族構成などの背景で判断することを良しとしない信念を持っていました。だからこそ私に対して暗に「大丈夫だよ。心配するな。家族構成なんて関係ない」と言ってくださったのでしょう。

特に感銘を受けたのは、この壮絶な生い立ちを、私は本人からではなく他の方から聞いたという事実です。恩を売ったりせず、静かに心に秘めて、私を救ってくださったのです。

その後、この方は東京本社で専務取締役にまで昇進されました。

成績優秀な営業マンは
【自分】を売ろうと考えます。
そうでない営業マンは
【商品】を売ろうと考えます。

成績優秀な営業マンは
【アフターケア】まで考えます。
そうでない営業マンは
【契約すること】だけ考えます。

この違いが結果の差となるのです。

営業哲学は「相手のメリットを見つけること」
――メリットを探る2つの方法

営業マン生活では、自分なりの営業哲学を確立していきました。

最重要視したのは「相手のメリットを見つけること」。

自分本位の独りよがりなメリットではありません。相手のメリットとはニーズと言い換えることもできます。ニーズ、つまり相手が必要としていることは何か？　それを見つけるには、どれだけ相手の気持ちになりきって考えることができるかが重要です。

相手のメリットについて自動車を例に考えてみましょう。あなたは自動車の営業マンだとします。

当たり前ですが、子どもが2人いるご家族に2人乗りのスポーツカーを薦める営業マンはいないでしょう。むしろ、7～8人乗りのワンボックスカーを提案し、「この車でバーベキューに行けますよ」「家族サービスでこんなことができますよ」と、購入後の具体的なライフスタイルをイメージしてもらうのではないでしょうか。

ドライブ好きの独身のお客様には、「このスポーツカーでベイブリッジやレインボーブリッジを走ってみませんか」と、その人の心が躍るような提案をしますよね。

ローンの月々の支払額をお伝えすることももちろん大切ですが、それ以上に「この商品を手に入れたら、その後の人生がこうなる」というヴィジョンを示すことが重要です。

相手がまだ発見していない、
しかし「言われてみればそれは良さそうだ」
と共感してもらえるようなメリットを発見する。

相手のメリットを見つけるとはこういうことです。

では、相手のメリットを探るには具体的にどうすればいいでしょうか。誠意さえあれば簡単にできることが2つあります。

1 耳がうまい人になる
2 徹底的な事前リサーチ

1つ目の「耳がうまい人になる」とは、聞き上手になることです。新人の頃、飛び込み営業をこなしながら学んだことです。

アポなしの飛び込み営業に対して、人はなかなか辛辣なものです。「帰りなさい」「営業中に来るな」と追い返されるのは当たり前、塩をまかれることもありました。

しかし、そんな飛び込み営業でも、時には話を聞いてくれる優しい方がいるのです。せっかくのチャンス、つい必死で話して売り込もうとしてしまいます。実際、敏腕営業マンは「口がうまい」というイメージもありますし。

しかし気がつきました。初対面の人との最初のコミュニケーションで大切なのは距離感です。いきなりやって来て、ガツガツ話して、威圧感や空回った空気が流れる。そのような営業マンにお客様が心を開いてくれるわけがありません。

ですから、

自分のために話すのではなく、
相手のために聞く。

相手のメリットは絶対に、相手の情報を引き出すことでしか見えてきません。売ろうとして、しゃかりきになるのではなく、相手が必要としているニーズを見つけ出し、そのためにどんな提案ができるかを考えていけばいいのです。

営業の世界では、売れない営業マンほど「これを買ってください」「これが安いです」「ローンでどうですか」「月々いくらです」といった商品の説明に終始します。

しかし、成功する営業マンは違います。自分との付き合いでどんなメリットが得られるのかを提案し、自分自身を売り込むのです。

「口がうまい」のではなく「耳がうまい」こと、つまり、営業の真髄は話術ではなく、聞き上手になることにあります。この人と話していると、ついつい何でも話してしまう。そういう人を目指します。優秀な営業マンとは必ず、優れた「聞き手」です。

メリットを探る2つ目の方法は徹底的な事前リサーチです。これは銀座で営業をする中で特に培われたスキルです。

数多のクラブが存在する銀座では、どの店のママさんとどの店のママさんが親しいのか、誰が先輩で誰が後輩か、といった水商売の世界の序列を把握することがとりわけ重要でした。

新しい店をオープンしたママさんがどこのママさんの妹分なのかを知ったら、まずはその姐御のママさんにご挨拶に行くといった具合です。

人と人は縦横の関係でつながっています。

事前にリサーチをすることで、その個人の背後にある縦横のつながりにいる人たちとも良好な関係を築きやすくなります。

自分が一人でできることには限界があります。だから営業する相手のみならず、**その人の持つつながりも大切にする気構えで大きな輪の中に入っていく**のです。

人は誰しも自分の人間関係を大事にしています。その人の大切な人間関係を立てることはその人の顔を立てることにつながります。

遠くの目標に目を向ける
――本質は遠くにあるかもしれない

担当していた銀座7丁目のあるお店で、カラオケの最新機種の営業をしていた時のことです。そのお店ではカラオケ機材を契約していただけていませんでした。

そんなある日、その店の入口のドアが老朽化で外れてしまいました。私はさっそく作業着に着替えて赴き、ドアの建て付けを直しました。結果として、そのお店は契約してくれることになりました。とはいえ、この時の私は、契約を狙って行動したわけではありませんでした。自分にできそうなことだったので、お手伝いしただけでした。

この経験からは大きな気づきを得ました。それは、

遠くの目標に目を向けてみる

ということです。カラオケの営業であれば、「カラオケが必要」と考えている店に

カラオケ機材を売り込もうとします。これでじゅうぶん、店のニーズ、相手が必要としていることに応えています。しかし、それは目の前のニーズ、比較的誰にでも見つけることができるニーズです。

ここで視点を変えてみましょう。目線を少し上に上げて、遠くを眺めるとどうでしょうか？「カラオケが必要」以外にお客様が必要としていることはないでしょうか？

もしかすると、出入りの酒屋を変えたいと思っているかもしれない。内装をイメージチェンジしたいと思っているかもしれない。

こうしたニーズが見えたならば、単にカラオケ機材を契約してもらうだけでなく、付加価値を提案します。「酒屋さんも紹介できます」「内装業者も紹介できます」というように。

さらに視点を上げて、遠くを眺めてみるとどうでしょう。

カラオケ、提供するお酒、内装と、店がいろんなニーズを一つずつ満たしていきたいと考えているのは、究極的には「いいお店をつくりあげたい」という目標を持っているからかもしれません。

そうした大きな目標、遠くにあるゴールを共有し、様々なサポートを提供することで、「この人なら任せられる」という信頼関係が生まれます。

私との契約によってカラオケ機材で得られる以上のメリットを提示できるよう、私はいつも腐心しました。私という人間と契約していただくという関係性を築いていったのです。

一緒に「問題解決」に取り組む姿勢で、
より深い信頼関係を築くことができる

のです。

このように、目の前の商品やサービスの枠を超えて、お客様の本質的なニーズに応えていく。それが真の営業の姿だと気づかされました。

物事の本質は、
「相手が何を求めているか」を理解すること。

「求める」とは言い換えると「解決を求める」である。

この考え方は、現在の政治家との関わりにも活かされています。市議会議員や県議会議員と接する際は、私は必ず事前に調査を行います。

その議員がどの委員会に所属しているのか、福祉委員会なのか教育委員会なのか、どのような役割を担っているのかを把握します。そして、その議員が何を実現したいのか、遠くのゴールを理解した上で、私にどのような協力ができるのか、そしてその協力によって逆に何を得られるのかを考えます。

相手のメリットを尊重すると「人の輪」が生まれる

私の営業スタイルの核心は、あくまで相手のメリットを見つけることにありました。自分が何を売りたいか、どれだけの歩合が出るか、昇進やボーナスにつながるかどうかは、自分側のメリットです。

営業のみならず、人との付き合いでは往々にして自分のメリットばかりを考えがちです。しかし、本当に大切なのは相手のメリットを見出すことです。相手のメリットを見つけることを信条にして経験を重ねていくと、やがて人づての紹介が新規の契約の主流になっていきます。

カラオケの契約が成立したときに、お店のママさんに酒屋や内装業者も紹介するとします。すると今度は酒屋や内装業者の営業マンたちから「カラオケはどうですか？　河村さんを紹介しますよ」と、逆の紹介をしてもらえるようにもなります。

お客様のメリットを考えると同時に、協力できる他業種の仲間のメリットも考える。このように、関わる人たちのメリットを考えた営業は、自然と人の輪を広げていきます。

私が今行っている活動に、キッチンカーを使った児童養護施設への食糧支援があります。ここでも同じです。

キッチンカーの方と良い関係を築けば、その方が他のキッチンカーの方を紹介してくれるようになります。私が直接一台一台を回って支援をお願いする必要はありません。

人が人を紹介してくれる。
これもまた、営業の本質です。

2017年、私は群馬県前橋市で市長や関係者の方たちと児童養護施設の子どもたちへの自立支援制度を実現しました（131ページ）。その制度を、隣接する伊勢崎市にも展開できないかと考えた時のことです。

調べてみると、伊勢崎市長が前橋市長と同じ高校の先輩後輩の関係にあることがわかりました。

銀座のママさんたちの先輩後輩関係とは違いますが、営業先のことを必ず調べる習慣のおかげでわかったことです。高校の同窓生であることは重要な接点になると考えて、前橋市長に「伊勢崎市長を紹介していただけませんか」とお願いしました。そうして、前橋市長と一緒に伊勢崎市役所まで足を運ぶことが叶いました。

私がタイガーマスク運動を始めた人間であるということは、すでに群馬県内ではよく知られていました。ですから、「タイガーマスク運動の河村」と言えば、伊勢崎市長に直接アポイントを取ることも不可能ではなかったでしょう。しかし、私は意図して紹介営業の手法を選びました。

行政の世界でも、人と人とのつながりを活かした営業の基本は何も変わらないと考えたからでした。銀座の街から群馬県の市政に舞台を移し、ママさんではなく市長どうしの人間関係に着目したということです。

このように営業スキルを社会貢献活動に活かすというアプローチは、あまり一般的ではありません。社会活動家には営業マンのバックグラウンドを持つような人は少ないので、ビジネスの手法を活用するという発想があまりないのかもしれません。

個人での活動には限界がある

カラオケ機材の会社に勤めていた私は、転勤で群馬県前橋市に移ることになりました。営業先だった銀座のママさんたちからは「なぜ地方に?」「何かあったの?」なんて言われました。

しかし、今、振り返ってみると、前橋への異動がなければ、タイガーマスク運動は生まれなかったでしょう。あのまま東京にとどまっていれば、東京の児童養護施設への個人的な支援で終わっていたはずです。

前橋市に引っ越した当時は、将来支援活動に専念しようという考えはありませんでした。営業の仕事はやりがいの面でも収入面でも充実していて、その仕事を辞めるという発想すらありませんでした。

そう考えると、時に、人生の重要な転機は、最初から計画されたものではなく、予期せぬ変化から生まれてくるものなのかもしれません。

私が児童養護施設への支援活動を始めた当初、施設には30人ほどの子どもたちがいました。しかし年々、子どもたちの数は増え続けていきました。35人、40人、そして45人と徐々に増え、2010年にはついに、70人を超えました。

この入所者数の増加に直面し、私は施設長や理事長と対話を持ちました。

「個人で支援をさせていただいてきましたが、子どもたちの数はどんどん増えていますね。虐待や育児放棄で入所する子どもたちが、こんなに増え続けています。これは一体どういうことなのでしょう？　私がやっていることは、本当に意味があるのでしょうか？」

施設長は静かに答えました。

「河村さん、これはもう社会的な問題なのです。河村さんが個人で私たちの施設を支援してくださっても、世の中全体は変わりません。この問題は本来、もっと広く社会に発信していかなければならないのです」

施設で浮き彫りになっている課題は次のようなものでした。

■虐待や育児放棄による入所者の増加
■児童養護施設に対する社会の誤解（「問題児の収容施設」といった偏見がある）
■社会的養護の実態についての認知度の低さ

施設長の言葉が、私の中の何かを変えました。

「児童養護施設は悪いことをした子どもたちが集められている場所」といった誤解が世間には根強くあるのか……。

身寄りがないせいで悪さをするのではないかと警戒されていた、かつての自分を思い出しました。

この現実を何とかしなければ……。

「しかしですよ、そうは言っても河村さん。何か考えはありますか？　社会に現状を知ってもらうのは簡単ではありませんよ」

施設長の問いかけに、私はある計画をあたため始めました。

第3章

壁を突破する力

明確な意図を持った計画「ランドセル、10個ください」

2010年12月18日、クリスマスの1週間前でした。東京から群馬に戻った私は、まっすぐ県内の百貨店に向かいました。目的地はランドセル売り場です。店員さんに告げました。

「10個ください」

この一言が、後の大きなうねりの始まりとなりました。

店員さんだけでなく、周りのお客さんたちも一斉に振り向きました。皆、驚いた表情をしていました。それもそうでしょう。普通、ランドセルは一人の子どものために、一生にいちど買う特別な品です。まとめて10個も購入する人などいません。

私は購入したランドセルを自宅で保管し、クリスマスに合わせて前橋市にある児童相談所に届けるつもりでした。

この計画には、明確な意図がありました。東京の児童養護施設で子どもたちの数が増え続ける現状を目の当たりにし、何かアクションを起こさなければならないと考えてのことでした。単純な物資の支援を超えた、より大きな目的があったのです。

■児童養護施設や児童相談所の存在を社会に知ってもらうこと
■そこで暮らす子どもたちの現状を伝えること
■より多くの支援の輪を広げること

それが意図でした。ランドセルを10個も購入するという一見突飛に見える行動は、社会的養護の現状を可視化し、支援の必要性を訴えかけるために、私なりに周到に用意した計画の第一歩でした。

クリスマス、児童相談所への贈り物

12月25日深夜1時。私は車のリアシートにランドセルを積み、目的の児童相談所に向かいました。

しかし、予想外の展開が待っていました。施設の周りをパトカーが巡回していたのです！　見つかれば、包装された不審な荷物を大量に運ぶ者として職務質問されるに決まっています。近くにあったコンビニエンスストアの駐車場に避難し、30分ほど様子を見ることにしました。

1時半頃、再び児童相談所に移動しました。
今度は別のパトカーが待ち構えていました！

ランドセルの寄付は緊張感の中で慎重に行わなければなりませんでした。二度の様子見を経て、なんとか寄付を実行することができました。車から次々と荷物を降ろしました。怪しすぎる人です。しかし荷物を降ろしきることができました。

「子どもたちのために使ってください」という手書きの手紙を添えました。

贈り主の名前は「伊達直人」。

今年も、
とある児童養護施設の子どもたちに贈る
クリスマスプレゼントの準備ができました。

クリスマスの夜、
プレゼントが子どもたちの枕元に届きます。
一つずつ、全員に。
この活動も20年以上。
僕が元気でいる限り継続したいと思います。

子どもたち、待っててね。

「伊達直人」への反響

「伊達直人」という名前を使ったのは綿密な戦略があってのことでした。伊達直人は1968年に連載が始まった漫画『タイガーマスク』（梶原一騎原作、辻なおき作画、講談社）の主人公です。『タイガーマスク』は1969年にはアニメ化されました。テーマ曲は250万枚も売れたそうです。

その時代背景こそが重要でした。

私がランドセルを置いたのは2010年のクリスマスです。2010年当時、『タイガーマスク』に夢中になっていたかつての子どもたちはすでに50代になっていました。50代といえば、企業ならば経営層、行政ならば上級職と、社会で影響力を持つ立場にいる世代です。

私は、伊達直人の名で「世の中を動かしている世代」に向けてメッセージを送ったのです。

『タイガーマスク』は、作品のストーリーもこの計画にフィットしていました。

■主人公の伊達直人が孤児であること
■伊達直人は子どもたちのために戦うヒーローであること
■伊達直人は匿名で孤児たちにファイトマネーを送っていたこと

その後の展開は予想をはるかに上回る事態を引き起こしました。

私の予想‥
■メディアに取り上げられるだろう
■社会的な関心を集めるだろう
■世の中を動かしている世代に訴求できるだろう

私は無名の市井の人でした。メディアへの売り込みも一切行いませんでした。それでも「伊達直人」からの寄付はニュースとして取り上げられると思っていました。メディアの反応は予想通りのものでした。

群馬県の児童相談所は県の管轄機関です。ということは、職員は群馬県の職員です。施設の所長や幹部職員は50代で、まさにタイガーマスク世代です。彼らが「伊達直人」の名前を目にすれば、瞬時にその意味を理解してくれると思いました。「これは伊達直人の思いを代弁した贈り物ではないか」と。

県職員がどう判断するかは、この計画にとってはとても重要なことでした。通常なら不審な包みは遺失物として処理されてしまったかもしれません。でも彼らはそれを贈り物として受け止めてくれたわけです。

これは後になって当時の職員から聞いたことですが、女性職員たちには「伊達直人」の意味がわからなかった方も少なからずいらっしゃったそうです。しかし、50代の男性職員たちは、子どもの頃に見ていた『タイガーマスク』の伊達直人だと、すぐにわかったのだとか。

その後の展開は、すでにあったシステムをうまく活用できました。
県庁など役所には記者クラブがあります。記者クラブにはメディアの方々が詰めていて、常に情報を収集しています。
県庁がこの出来事をメディアに発表することで、伊達直人のニュースはすぐに広がっていきました。

さらに、2010年という年にも意味がありました。2010年、この年は寅年でした。寅年に現れた『タイガーマスク』の伊達直人。これも計算に入れての計画でした。

当時の人気情報番組だった「ズームイン!!SUPER」（日本テレビ系列）で、羽鳥慎一アナウンサーが「今年は寅年ですが、寅にちなんだ贈り物が届きました」とニュースの冒頭で紹介してくださいました。

この「伊達直人作戦」で私が戦略として意識したことは次のとおりです。

■決裁権を持つ世代への的確なアプローチ＝ターゲティング
■行政機関の記者クラブという既存システムの活用＝PR

■寅年のクリスマスという時期の選択＝タイミング
■物語性のある展開＝ブランディング

そして、「伊達直人作戦」が引き起こした予想外の反響とは次のようなものでした。

私の予想を超えた反響‥
■各地に「伊達直人」やヒーローの名を借りた匿名の支援者が出現
■全国規模の社会現象に発展＝タイガーマスク運動（タイガーマスク現象）
■新たな支援活動につながる社会的インパクト

こうした予想外の展開こそが、社会が抱えていた潜在的なニーズ（課題）であり、人が誰しも持っている善意の表れだったのかもしれません。

ある程度は戦略的に展開したことでしたが、その時点ではこのプロジェクトが全国規模の社会現象になり、各地で「伊達直人」「タイガーマスク」「仮面ライダー」などの名を借りた支援の輪が広がっていくことになるとは、予測できていませんでした。

支援の輪はやがて「タイガーマスク運動」と呼ばれるようになりました。計算された部分と、自然発生的に広がった部分が組み合わさったことで、大きな社会運動へと発展していったのだと思っています。

フェーズを変える計画
――「個人」から「行政の制度化」へ

クリスマスの夜のランドセル寄付が全国ニュースになった時、それが私の行動だと知る人は、ほとんどいませんでした。しかし、ピンと来た人たちもいました。東京の児童養護施設の職員たちから、次々と電話がかかってきたのです。

「今、ニュースになっていますけど、河村さんですよね？」

彼らには、すぐにわかってしまったようです。

理由は明確でした。私はその施設に、毎月1万円の寄付を続けていました。添え書きは決まって「子どもたちのために使ってください」。ランドセルに添えた手紙と文面が同じです。何より筆跡が同じでした。

「河村さんしかいない」

施設の方たちは瞬時に確信したそうです。

しかし、彼らは決して伊達直人の正体を公にはせず、黙っていてくれました。

あのランドセルは、
子どもたちにとっては「思いのこもった贈り物」であってほしかった。
大人にとっては「ロマンのある物語」であってほしかった。

そうした私の願いを、察しの良い人々は水面下で気づきながら、あえて口にしないでいてくれた。そこには、優しい暗黙の了解が生まれていました。

私は東京の児童養護施設への寄付活動を、タイガーマスク運動が始まるまでも、そしてその後も変わらず続けています。

タイガーマスク運動をきっかけに、私の活動は群馬県内に複数ある児童養護施設への支援にも広がっていきました。

当時、群馬県には6～7箇所の児童養護施設があり（2025年1月現在は8箇所）、私は各施設を回って現場のニーズを探りました。

そこで見えてきた現実がありました。

児童養護施設で暮らす子どもたちは、施設にいる間は税金で生活が保障されているため、経済的な困難はありません。真の課題は施設を出た後の自立にありました。児童養護施設には、18歳で施設から独り立ちするときに備えて必要なことを教えるシステムがあるというのは先に述べた通りです（54ページ）。しかし、そうした教育だけではフォローできない現実があるのです。

特に群馬県の施設に特有の課題として、自動車運転免許証の問題がありました。群馬県は1世帯あたりの車保有数が1・6台で全国4位（2021年）です。これは県民の豊かさを示す数字ではなく、公共交通機関の不便さを表しています。

私自身、群馬に来て20年近くになりますが、バスに乗った経験が一度もないほど何かとアクセスが不便なのです。

このような環境では、運転免許の取得は就職や生活の必須条件となります。施設の職員から「子どもたちの独立に備えて、免許取得のための費用支援が必要」という声が上がりました。

しかし、ここで大きな壁に直面します。「私という『個人の力』で行う支援活動」の限界です。個人の力では次のような壁を越えることができないのです。

■ 一会社員としての経済的制約（支援できるお金には限りがある）
■ 支援の継続性の問題（支援が必要な子どもは毎年発生する）

「どうすれば持続可能な支援ができるだろうか」

答えを求めて、私は知恵を絞りました。そして行き着いた先が「行政」でした。

「個人」の限界も「行政」ならばクリアできる。
「個人のプロジェクト」から「行政の制度」へ。

国レベルでの支援が理想的ですが、当時の私には政治家とのつながりなどありません。そこで目を向けたのが地方自治体でした。

匿名個人だった伊達直人の行動から始まった支援活動は、このようにして制度化への道を模索し始めることとなりました。

私は、会社の終業後や週末の時間を使って、各都道府県、市町村、特別区の取り組みを探り始めました。そして、ついに一つのモデルケースを見つけました。東京都世田谷区の取り組みです。

正面突破でアポを取る
――「世田谷区長にお会いしたいのですが」

それは東京都世田谷区の保坂展人区長が「ハフィントンポスト」（現在の「ハフポスト日本版」）に寄稿した記事がきっかけでした。

「皆さん、タイガーマスク運動を覚えていらっしゃいますか？」

その記事は、こんな書き出しで始まっていました。記事によると世田谷区には2箇所の児童養護施設があり、区は独自の支援策を検討していました。

私が特に注目したのは、住宅支援でした。世田谷区といえば高級住宅街もある家賃相場の高い地域です。

区の革新的なアプローチは以下の通りでした。

■高齢者施設の空室の活用
■区営住宅のリフォーム
■施設退所者や里親家庭の子どもたちへの住宅支援の提供

この世田谷区の取り組みに出会った時、私の中で何かが「ピタッ」とはまりました。まさに私が探していた仕組みだったからです。

この発見は次の行動への大きなヒントとなりました。国レベルではなく、地方自治体レベルだからこそできる、きめ細かな支援の可能性を感じました。また空室や区営住宅という既存のリソースを活用することで経済的にもハードルが下がり、持続可能性が高くなるとも感じたのです。


とはいえ、当時の私は「タイガーマスク運動の伊達直人」という正体を明かしていませんでした。そこでどうしたか？　２０１５年の暮れ、私は思い切った行動に出ることにしました。世田谷区役所にいきなり電話をかけたのです。

「すみません。保坂区長にお会いしたいのですが」

受付の職員は困惑を隠しません。

「え……どちら様でしょうか？」

「児童養護施設の子どもたちにランドセルを贈るタイガーマスク運動は聞いたことありますか？」

「はい……聞いたことはありますが……」

「あの伊達直人というのが、まだ素性を明かしていないのですが、実は私なんです」

電話の向こうから、明らかな戸惑いが感じられました。当然です。見知らぬ人物が突然の電話で、藪から棒に区長との面会を求め、しかも正体不明の伊達直人を名乗る。怪しさ満点です。

しかし、ここでもタイガーマスクは強かった。

いったん福祉課に転送された電話を受けた方は福祉課の課長さんでした。50代半ばのタイガーマスク世代でした。私は行政による自立支援の実現に向けて保坂区長と意見交換したいのだと説明しました。完全な賭けでした。

するとありがたいことに、福祉課の課長は電話を秘書課へと取り次いでくれたのです。

秘書課の課長さんは理解を示してくれました。そして「保坂に相談してみます。何日か時間をいただけませんか？」と返答してくださいました。

電話を切った後、私の心臓は高鳴っていました。

いくら飛び込み営業や、そこでの風当たりの強いリアクションにも慣れていたとはいえ、こんな突飛な行動が実を結ぶとは思ってもいませんでした。

もしこれが成功すれば、子どもたちへの支援のための大きな一歩を記せるはず。ただその思いだけがあったのでした。

数日後、秘書課から連絡が入りました。

「保坂がお会いします」

この一言で、私の活動はまた一歩前進するうえでのヒントをいただくことになりました。

1ヶ月後の2016年1月、世田谷区役所の区長室を訪れた時の光景は、今でも鮮明に覚えています。

区長室には、タイガーマスク運動に関する新聞記事やメディア報道の資料がずらりと並べられていました。

「はじめまして。河村と申します。私が伊達直人です」

「あなたがそうですか」

この面会で、私は自治体による行政支援の実現に向けた思いを率直に語りました。保坂区長からは、地方自治体が独自に取り組める支援の可能性について、具体的な説明を受けました。財源を確保する方法、国と地方の役割分担について、そして実現可能な支援の形をご助言していただきました。

ヒーローは器が違う
――「初代タイガーマスク」との出会い

２０１６年には、タイガーマスク運動にとってもう一つの重要な展開がありました。「初代タイガーマスク」こと、プロレスラーの佐山聡さんです。

佐山さんはタイガーマスク運動に関心を示され、２０１１年末に「初代タイガーマスク基金」を立ち上げていらっしゃいました。佐山さんはヒーローです。強い影響力を持っていらっしゃいます。２０１２年に私は思い切って事務所に連絡を取りました。

この時も、世田谷区の時と同じ正面突破を試みました。

「私は河村と申します。タイガーマスク運動の伊達直人です。佐山さんとお会いしたいのですが」

数日後、事務所の方から「佐山がお会いすると言っています」という連絡がありました。そこからのご縁となりました。

佐山さんは、２０１６年の12月には後楽園ホールで「初代タイガーマスク35周年記念大会」を控えていらっしゃいました。そしてその大切な場で、私の正体を公表することを提案してくださいました。


私は長年守り通してきた匿名での伊達直人の活動が、新たな段階に入ろうとしているのを感じていました。

行政との連携という具体的な展望が見えた。

そして正体を明かすタイミングも定まった。

新たな段階とはつまり、

「個人」の活動が「全国の個人」の活動に広がり、
もっと「大きな規模」の活動に移行する

という意味です。

個人からの寄付頼みの運営は
世の景気に左右される。
いつか壁にぶつかると考えた。

そしてたどり着いた先が
民間企業や団体との連携。
いかにつながり、いかに継続していくか。
自身の【連携力】が求められます。

時には人に相談しないことが大事

普通の人である私が、世田谷区の保坂区長に会い、初代タイガーマスクの佐山さんに会う。このような突破力の秘訣を問われることがあります。

私の答えは意外なものかもしれません。それは、

時には人に相談しないことも必要

というものです。

たとえば会社員が独立を考える時、多くの人は身近な先輩に相談します。最も身近な先輩は自分と似た環境にいる会社員でしょう。しかし、彼らの多くは起業経験やフリーランス経験のない人たちだということを忘れてはなりません。

経験のないことについて、人は反対意見を言いたくなります。自分が経験していないことに対して責任を持って「大丈夫だよ」なんて言えないからです。
そして反対意見を聞いた側は、否定が頭の中で増幅され、行動を躊躇してしまいがちです。
しかし、何かを突破しようとするとき、そうした不安の中で踏みとどまっていては、突破はおろか先に進むことさえできません。

突破力とはつまり、
周囲の否定や自分自身の思い込みをも乗り越える
強い思いのこと。

世田谷区へ電話をした時、もし事前に誰かに相談していたら、「相手に失礼では?」「そんな突然の電話は怪しいだけ」「正規のルートを通すべき」と言われたでしょう。当たり前です。そして、私は正論の強さで萎縮してしまって、助言のとおりだと思い直し、行動に移せなかったかもしれません。

もちろん、基本的には相談や人の意見を聞くことは大切です。しかし、時には相談しないことが、新しい道を切り開くことがある。それが経験から得た教訓です。

相談する相手を間違わないことも大事

行動を起こすには強い思い、すなわち動機と熱意が必要です。人の意見に耳を傾けないほどの揺るぎない覚悟です。

しかし、もし誰かに相談するならば、相手の選び方がきわめて大切です。

正体を明かすことで、私が目指す支援活動のフェーズを一段階上げたい。個人から、個人では実現できない大きな動きへ。

その目標を実現するために私が相談したのは限られた人々でした。

1 「初代タイガーマスク」の佐山聡さん

2 『タイガーマスク』の原作者・梶原一騎先生の奥様

梶原一騎先生の奥様との出会いは、思いがけない形で実現しました。ある新聞記者を通じて、「奥様が伊達直人に会いたがっている」という連絡を受けたのです。

奥様は私を「伊達直人さんが来てくれた」と喜んで迎えてくださいました。なぜ伊達直人という名前を選んだのか、その理由を尋ねられ、タイガーマスクの名が再び社会の注目を集めたことを、とても喜んでくださいました。

相談するお二人を佐山さんと梶原先生の奥様に決めたことには、理由がありました。

佐山さんは自身がプロレスラーとして社会現象を起こした方。そして梶原先生の奥様は『タイガーマスク』や『あしたのジョー』など、社会に大きな影響を与えた作品の創作現場を共にした方。

お二人は、私が起こそうとしている「社会のうねり」の体現者だったのです。

お二人の返答は明確なものでした。

「河村さん、あなたならできる。社会を動かせるよ」

佐山さんも梶原先生の奥様も、タイガーマスクというアイコン、強く優しいヒーローであるタイガーマスクへの深い愛着と信頼をお持ちです。だからこそ、寛大にも私の活動を支持してくださったのだと思います。

これは野球の世界でたとえると想像しやすいでしょう。

プロ野球選手を目指す少年が夢について相談するならば、大谷翔平選手のように実際にプロとして活躍している憧れの選手に相談するのがいちばんの励みになります。モチベーションも上がるでしょう。

一方で、野球のことをまるで知らない人や、夢をあきらめた人に相談してもあまりいい結果になるとは思えません。「野球で食べていけない」という否定的な意見は、夢を潰すにじゅうぶんな負の力を持ちます。

これはあらゆる挑戦に通じる真理です。

大きな夢を持つなら、
その夢を実現した人に相談する。

これが成功への近道です。
私の経験から、理想的な相談相手を優先順位で示してみます。

1 その分野で実際に成功を収めた人
■実体験に基づくアドバイスができる
■成功への具体的なプロセスを知っている

2 成功には至らなくても実際に挑戦した人
■リアルな経験を持っている
■具体的な課題や解決策を知っている

今ではタイガーマスク運動は群馬県の山本一太知事をはじめ、多くの首長に「よくメディアで拝見しています」と言っていただきます。これは最初から否定的な意見に耳を傾けていたら、決して実現しなかった成果です。当初は「できるわけがない」と多くの人に言われていたのですから。

後楽園ホールのリングにて
──「伊達直人」の正体

2016年12月7日、私は後楽園ホールのリングに立っていました。初代タイガーマスクの佐山聡さんに導かれ、硬い表情でリングに上がりました。とても緊張していました。観客の声援がまるで遠い世界のことのように感じられました。スピーチを促された私は、それでもはっきりと宣言しました。

「**子どもたちは抱きしめられるために生まれてきたんだ**」

その後の記者会見では行政支援への取り組みについて発表しました。同日夜9時からのNHKのニュースで、トップニュースとして取り上げられました。翌朝の関東圏では、各局の朝の情報番組で報道されました。

私の言葉は、多少くさかったかもしれません。しかし心からの叫びでした。そして、これからの活動への決意表明でもありました。

スピーチ要約

ご紹介いただきました、河村と申します。

今から19年前、東京都内にある、とある児童養護施設を訪問させていただいたことから、僕の子どもたちへの支援は始まりました。

今から6年前、２０１０年のクリスマス、僕はランドセル10個を用意して、群馬県前橋市にある中央児童相談所というところに、「伊達直人」の名前を添え、メッセージをつけて入口玄関にプレゼントさせていただきました。

その後は「タイガーマスク運動」という形で全国に広がり、報道等でご存じの方々も多いと思います。

今、僕は佐山聡さんが理事長を務めておられます「初代タイガーマスク基金」に理事として参加させていただき、様々な支援活動をさせていただいております。

子どもたちは虐待されるために生まれてきたんじゃない。
抱きしめられるために生まれてきたんだ。
子どもたちは涙を流すために生まれてきたんじゃない。
笑顔になるために、周りの人を笑顔にするために生まれてきたんだ。

この思いを胸に、僕はこれからも活動を続けていきたいと考えております。

すべての子どもたちへ、生まれてきてくれてありがとう。
健やかに成長していただけることを願っています。
これからも頑張ってね。

このとき、私はまだカラオケ機材の会社の社員でした。
とはいえ、後楽園ホールのリングに上がり、正体を明かしても、社内ではさほど驚きの声は上がりませんでした。多くの同僚が、私が24歳の頃から、仕事をしながら様々な支援活動をしていたことを知っていたからです。

実際、前橋市の児童相談所へのランドセル寄付のニュースが初めて報じられた2010年の時点で、私が東京から群馬へ転勤していたことを知る同僚たちは、「あれ、河村じゃないか?」「河村は東京にいた時から児童養護施設の支援をしていたよな」と察していたようです。

リングでスピーチをした2016年、かつて私を採用してくれた役員は、すでに専務取締役になっていました。報道を見て感動してくださったそうです。

私は専務に、採用してくださった時の言葉を覚えていらっしゃるかと尋ねました。

「君を見て採用したんだ。家庭環境や家族構成ではない。君を見て、君がいいと思って採用したんだ」

その言葉が、私の心に深く残っていたことをお伝えしました。

専務に拾っていただき、入社できたからこそ、私は社宅の近所にある東京都内の児童養護施設と出会うことができたのです。

高校生の私を働かせてくれた土建屋の社長、そして会社のルールまで変えて私を採用してくれた専務、どこか自分の境遇と似たバックグラウンドを持つ方々が、一人の人間として私を見てくださった。そんな出会いの連鎖が、私の人生を形作ってくれました。

第 4 章

人をつなぐ力

行政が動いた
——前橋市長からの電話とふるさと納税

後楽園ホールのリングで正体を明かした翌日、メディアの反響は大変なものでした。

そこに思いがけない連絡が入りました。前橋市の山本龍市長（当時）からでした。私に会いたいとおっしゃるというのです。

市長が私の連絡先を知るはずもありませんが、偶然にも児童相談所の所長さんが市長の高校の同級生だったのです。

「河村さん、テレビで大騒ぎになっていますよ。実は前橋市長が私の高校時代の同級生なんです。会いたいと言っているんですが……」

これは私にとって大きなチャンスでした。私は２０１６年１月に世田谷区の保坂区長にお会いしてから、どこかの首長が動いてくれることを期待していました。そして、今まさに、自分が住む前橋市の市長からアプローチがあったのです。

山本市長とは1週間も経たないうちに面会を果たしました。

そしてすぐに具体的な行動に移りました。地元の児童養護施設の施設長や里親さんたち、市の担当部署の幹部を交えた意見交換会を設定し、そこで2つの具体的な支援策を提案しました。

1 15万円の自立支援金の支給（※現在は20万円になっている）

2 運転免許取得の費用補助

共に入所している子どもたちが施設を出る際に必要となる支援です。個人で児童養護施設にヒアリングを行っていたときに得た課題を解決するための策でした（103ページ）。

しかし、ここで大きな課題が浮上しました。

人口33万人の前橋市で、児童養護施設や里親のもとにいる子どもたちはわずか百人前後。そんな少数の人たちのために市の予算を使うことに対して、市民の理解を得られるのか、という問題です。

税金の使い道として、市民からはもちろんいろいろな要望があります。道路の補修や、市営施設の建て替え、高齢者の福祉など、きりがありませんし、いずれも大切です。一部の子どもたちの支援に税金を使うことへの反発が予想されました。

ここで市長から革新的な提案がありました。ふるさと納税の仕組みを活用してはどうか、というものです。

通常のふるさと納税の返礼品は地元の特産品などが主流です。前橋市は違う道を選ぼうというのです。

「返礼品は、子どもたちの笑顔です」

こういうアイディアでした。物質的な見返りのためではなく、子どもたちの幸せのために投資する。この新しい形のふるさと納税の提案は、支援のあり方を根本から変える可能性を秘めていました。

前橋市のふるさと納税では、すでに名産の豚肉などの返礼品も提供しています。そこに加えて、「子どもたちの自立支援」という明確な目的を掲げた寄付枠を設けたことが画期的でした。

子どもたちの笑顔を返礼品としたふるさと納税の取り組みは、2017年から実施されることとなりました。そして、予想を超える成功を収めました。

初年度は2000万円を超える寄付が集まりました。開始から8年が経過しましたが、今も前橋市の人気寄付先の上位にランクインしています。12月に締め切った2024年度で、その累計寄付額は1億円を突破しました。

ふるさと納税を活用した支援の取り組みは、全国的にも高い評価を受けました。2017年には「ふるさとチョイスアワード2017」の全国大賞を受賞しています。全国1700以上の自治体が参加するふるさと納税の中でも、地域貢献度や持続可能性、独自の創意工夫を評価して贈られる賞です。

仕組みをつくれば、広がる
――別の自治体の追随

物質的な返礼品ではなく、子どもたちの未来への投資という新しい形のふるさと納税。この試みは、社会貢献の新しいモデルケースとなりました。

こうした仕組みづくりは、とうてい私個人の力で実現できるようなものではありませんでした。ふるさと納税を活用するというアイディアを出したのは市長ですし、役所や施設の職員、里親、支援者、みんなの力が実を結んだ結果です。

前橋市での成功を足がかりに、支援の輪は着実に広がっていきました。次々と新しい自治体が動き始めたのです。

前橋市に続いたのは隣接する伊勢崎市でした。伊勢崎市では前橋市と同様、ふるさと納税を活用した支援が始まりました。

次に、同じ群馬県内の富岡市でも独自の支援が始まりました。富岡市の場合は、ふるさと納税ではなく、市独自の「お富ちゃん子ども福祉基金」が設立されました。お富ちゃんは富岡市イメージのキャラクターです。

特筆すべき点は、この支援の形は、決して特別な自治体だけにしかできないような取り組みではないという点です。

山本市長の言葉を借りるならば、

「財源がないのではない。やる気がないのだ」

ということになります。この言葉が全国の首長に届いてほしいと思います。前橋市がつくった仕組みには次のような特徴があります。

- 外部からの財源確保
- 目的が明確で透明性が高い
- 一般財源ではなく独立した基金として運営できる

ふるさと納税の使い道としてよくある「市長おまかせコース」のような曖昧な使途ではなく、明確な使途を示すことで、その使い方に賛同する支援者の共感をダイレクトに得ることができました。

僕は若者たちの自立支援の件で
首長の方々と意見交換を重ねてきました。
そして3つの自治体でカタチになりました。

「なぜそこまでできるのか？」
一言で言えば、『本気』だからです。
本気だから、縦割りの壁も越えて
活動するのです。

広報活動とメディア
――皆にメリットを提供する

ここで私のメディア戦略についてもお伝えしておきましょう。

広報活動の有効なツールといえばＳＮＳです。しかし、私はＸ（旧ツイッター）しかＳＮＳを使っていません。そのＸでさえ、発信は「こういうことをやっているんだ」ということがやんわりと伝わればいい、という程度のスタンスです。

もっと力を入れて大々的にやれば良いじゃないか、と思うかもしれません。しかし、私の活動の場合、一般の個人に向けての発信にはあまり意味がないのです。多くの個人よりも、政治家や公務員といった行政の関係者に見てもらいたいと考えています。そのためのちょっとしたプレスリリースのような感覚です。一方的な発信で、交流はしていないため、ＳＮＳ特有の喧騒とは無縁です。

一方で、広報戦略というほどのことでもありませんが、メディアとのお付き合いは大切にしています。ここにも営業マンのときに最優先していた「相手のメリットを考える」という営業哲学が生きています。関わるすべての人にとってメリットがあるように考えます。

たとえば、よくメディアで取り上げられているという私の実績に、政治家はメリットを感じます。私との関わりを通じて、その方の活動もまた、メディアで話題になりやすいからです。

前橋市長に伊勢崎市長の紹介をお願いした際、私は両市長との面会にメディア各社を招きました。

地元の新聞やテレビ局は私の活動を好意的に取り上げてくれます。市長たちも「河村と行動を共にすればメディアが取材に来る」という効果を理解しています。

このメディア露出というメリットがあることで、私への協力も前向きに検討してもらえるのです。

また一方で、私はメディアにもメリットを提供したいと考えます。メディアにとってのメリットとは、価値のある情報を提供することです。

メディア関係者にとって重要なことは「一番乗りの情報」を得ることでしょう。そのためにメディア関係者も常に一種の営業活動を行っているわけです。

私は彼らのニーズを理解し、彼らにとって価値があり、信頼できる人間になろうとしています。

このように、個人にとっては難しい行政トップとの関係構築も、メディアという存在を介することで、それぞれにメリットのある形で実現することができるのです。

組織の長所を掛け合わせる
――ひとり親家庭の支援

行政による児童養護施設支援と関わるなかで、私は重要な事実に気づきました。施設に入所している子どもたちの多くが、ひとり親家庭、特にシングルマザー家庭の出身だということです。

見逃しがちなこの発見をきっかけに、前橋市の実態調査を始めました。人口33万人のこの街で、ひとり親世帯は３０００世帯。そのうち２６００世帯がシングルマザー世帯で、さらにその約45％が世帯年収２００万円未満。厳しい現実が見えてきました。

この数字を持って市長と話し合ううちに、もう一つの問題が浮かび上がりました。市が運営しているフードバンクの利用者の大半が50代以上の男性で、子育て世帯の利用はわずか1割にとどまっているのです。これは明らかに支援が必要な層に届いていないということを意味していました。

なぜシングルマザーたちは支援を受けられないのか？

答えは意外とシンプルなものでした。シングルマザーの多くは働いています。中にはトリプルワークで生活を支えているような人もいます。平日の日中しか開いていないフードバンクには行くことができないのです。

そこで解決策として市長と共に考案したのが、「こどもフードパントリー」の仕組みづくりです。「フードバンク」という言葉にも、「フードパントリー」という言葉にも明確な定義はないのですが、ここではわかりやすく、対個人に特化した食糧提供を「フードパントリー」としましょう。

「フードバンク」は運営方針によって様々ですが、企業や個人から食糧を集め、福祉施設や個人に食糧を提供しています。運営は、自治体直営、民間業務委託、民間独自運営の大きく3つに分けられます。私が提案した「こどもフードパントリー」も食糧を提供します。ただし提供方法が違います。「取りに来てください」ではなくて、「郵送しますよ」という仕組みです。

「こどもフードパントリー」のような仕組みがあったら利用するかどうかを問うアンケートを市が実施しました。アンケートには800世帯近くから「利用したい」という声が寄せられました。

市長にその反応を伝えたときの手応えを、今でも覚えています。

このようなアンケートは、住民の情報を持っている行政だからこそ実施することができました。

行政と民間の機動力を掛け合わせることで、新しい支援が実現できるかもしれない。それが新たな仕組みの形を創り出せる。

その手応えがわずかに見えてきました。しかし、まだまだ課題はありました。支援制度の網からこぼれ落ちてしまう人たちがけっこういるのです。

支援を必要とする人に、支援が届かなければ意味がない。

私は個人的な支援活動も同時に続けることで、行政の支援から漏れてしまう人たちにアプローチができると考えました。

特に母子生活支援施設に避難してきた人々の状況は切実でした。多くはＤＶから逃れてきた人々です。東京をはじめ、全国から遠路はるばる避難してきます。こうした母子は施設に入所した時点では前橋市民ではありません。そのため市の支援制度を利用することができません。

また、ようやく住民票を移すことができたとしても、問題は残ります。施設に来る母親の6～7割はＤＶ被害者で、ほとんどが離婚手続きに入ります。しかし、その手続きには半年から1年もの時間がかかります。

つまり、実態はシングルマザーとして子育てをしているひとり親世帯でありながら、書類上はまだ配偶者がいるため、市の「ひとり親支援」を利用できないという状況が生まれるのです。

当たり前ですが制度は必要です。

しかし、制度は制度である以上、救えない人が生まれてしまうのです。


かつて身寄りがなく保証人を立てることができなかった私が、カラオケ機材の会社に入社しようとしたとき、入社するには保証人を立てなければならないという会社のルール（制度）を当時の役員が変えてくれました。

ルールは時代や状況に合わせて変えていかなくてはならない。

しかし会社と行政では抱える母体の人数も、漏れてしまう人数も違います。個人にだけ当てはめて考えるのとは違い、調整にかかる時間も違います。


ここで役に立つのがフットワークの軽い「個人」です。


私はそのことに気づいたので、個人的な支援活動も続けているのです。

個人であれば、行政の支援が届かない期間、その隙間を埋める役割を担うことができます。これは決して行政の制度を否定するものではありません。むしろ、官民それそれの強みを活かした支援の形とはこういうものではないでしょうか。

行政には正確なデータと公平な制度がある。

民間には機動力と柔軟性がある。

この両者が協力することで、より多くの人々に支援を届けることができるのです。支援が必要な時に、必要な人に届く。そのために、時には制度の外からでも手を差し伸べる。それが私の考える支援のあり方です。

僕の支援活動の対象者の多くは
「狭間」の人たち。

行政がどれだけ支援策を準備しても
狭間の人たちは救えません。

だから僕のような存在が必要になります。
いかに狭間の人たちを支えていくか。
僕はそれを常に考えています。

「連携力」のもとで乗り越える
――個人はあらゆる壁を身軽に越えられる

社会支援の世界には、至るところに「壁」があります。

民間と行政の壁。
市役所と県庁の壁。
さらには同じ市役所の中でも、部署間の壁。

これらの縦割り構造に、多くの人が尻込みしてしまいます。

たとえば、前橋市のふるさと納税による子どもの自立支援では、ふるさと納税担当部署と児童支援担当部署という異なる部門の協力が必要でした。
部長も違えば、文化も違う。その間に立って行き来するのに、どちらにも属さない個人がいいということが、時にあるでしょう。

また、同じ県内であっても自治体の長は複数人います。彼らはそれぞれ自分の自治体の枠内でしか動けません。

一方、私は前橋市役所、伊勢崎市役所、富岡市役所と、自由に行き来することができます。組織ではなく個人だからです。市議会議員も、公務員も、すべての壁を飛び越えていけるのです。

壁を乗り越えるときに必要なのは「営業力」だけではありません。

私はこれを「連携力」と呼んでいます。

意見や派閥、性質、個性が違う者を同じテーブルにつかせ、結びつける。「河村さんが言うなら」と信頼してもらえる関係を築く。

組織の壁を超えるには、まず個人と個人という最小単位の壁を超えていかなければなりません。その意味で、社会を動かすために最も必要なのは、結局のところ「連携力」です。

大切にしているのは「連携」。
「連携」は「足し算」を「掛け算」にする。

感謝が支援のコミュニティをつくる
――自然に生まれる循環

私は今、食糧支援の主な物資として、麺類や肉類、アメリカンドッグを扱っています。最近はお米の支援も行っています。いち市民の立場でありながら、持ち出しゼロで、毎月、2000食から3000食の食糧支援を実現できています。

なぜ、それが可能なのか。それぞれの食糧調達に循環の仕組みがあるからです。

まずはお米から説明します。基本的なお米の支援は群馬県の生協との提携によって実現しています。

2024年の暮れに「X」に上げた3袋のお米支援には、特別な物語がありました。このお米は、キッチンカーを使った「移動型子ども食堂」で支援している児童養護施設からいただいたものでした。施設には田んぼがあり、子どもたちが自ら田植えから収穫まで行っています。私たちの支援活動への感謝の気持ちとして、そのお米をいただいたのです。
そのお米を次の支援先に届けることにしました。このように、支援活動とは一方通行とは限らないものです。支援への感謝が生まれ、その感謝が次の支援につながっていく。そんな自然な循環が生まれているのです。

こうした温かい循環は各所で生まれています。支援活動において、私は一方通行の関係をつくらないよう心がけています。
とはいえ、時には意図的に循環をつくることもありますが、多くの場合、自然とそういった相互支援の空気が生まれています。支援を受けた人々は、「ありがとう。今度は私たちにできることをしよう」という気持ちになり、新たな支援の輪を広げていくのです。

人には一方的に与えられるだけだとどこか面映ゆくなるという性質があるのかもしれません。これは私の営業時代の経験とも通じています。新規オープンのクラブがあれば、酒屋さんに紹介します。逆に酒屋さんからも新規店舗の情報をもらってカラオケの営業につなげます。

このように、１軒のお店に関わる業者の小さなコミュニティが、いろんなところにできあがり、そこで情報や価値が循環していきました。

コミュニティでは、お店のママさんの「いいお店をつくる」という最終的な目標のもと、その目標実現のための付加価値をつくり出していくのです。

つまり、真の営業マンの仕事とは、単なる商品やサービスの提供者になるだけではなく、お客様の長期的な目標達成をサポートするプロデューサーとしての役割も担うことなのでした。

支援を受けた方々が今度は支援する側になり、その支援がまた新たな支援を生む。この自然な循環をつくっていくことが、私の支援活動の目標です。無理やりではない自然な循環、それができれば、活動は持続可能となります。

支援活動でも「相手のメリットを理解する」
——食品ロスに注目した食品調達

自然な循環を目指す考えは現在私が携わっている食糧支援活動にも活かされています。支援においては、表面的な支援額だけが大事なのではありません。その背後にある社会的な意味も含めて、長期的な価値を創造していくことが大事です。

私は今、月に1000本ほどのアメリカンドッグを提供しています。このアメリカンドッグは本来なら廃棄される食品ロスです。

営業時代の哲学「相手のメリットを理解する」を、アメリカンドッグの例で説明してみましょう。

工場では1日に何万本ものアメリカンドッグが生産されますが、そのうち0・5%から1%の規格外品が出てきます。A級品が店頭販売用の正規品とすると、形が少しずれていたり、わずかな焦げがあったりするB級品、C級品が発生するわけです。

B級、C級と言っても、その違いはごくわずかです。コンビニのホットスナックコーナーで見かける完璧な楕円形のアメリカンドッグと比べて、ほんの少し形が歪んでいる。それは表面に小さな膨らみがあるといった程度の違いです。

食べる分には全く問題ありません。しかし、管理の厳しい日本の食品業界では、このような微細な外観の欠陥であっても商品として扱えないのです。

また食品廃棄の背景には、「3分の1ルール」という日本の商習慣があります。賞味期限が30日の商品の場合、以下のように期間が分割されます。

1 最初の10日：工場から小売店への出荷期限
2 次の10日：小売店での販売期限
3 最後の10日：消費者の手元での賞味期限

このルールの中で、工場は予期せぬ事態に備えて必要量より2～3割増しで生産します。たとえば10個の注文に対して12個から13個を製造するのです。配送トラックの事故など、不測の事態に備えるためです。

しかし、この余剰生産分が問題を引き起こします。スーパーマーケットなどの小売店は当然、より賞味期限の長い新しい商品を求めるからです。

スーパーの視点で商品の発注と廃棄の仕組みを説明します。スーパーは消費者に新鮮な商品を提供するため、できるだけ賞味期限の長い商品を仕入れようとします。ある商品の賞味期限が残り2〜3日のものと10日のものがあれば、当然10日のものを選びます。

スーパーが商品を10個必要とする場合…

■メーカーは不測の事態に備えて12〜13個生産
■スーパーは最も賞味期限の長い10個を選んで仕入れる
■残った2〜3個は、たとえ品質に問題がなくても出荷できない

余剰分の2〜3個が販売機会を失ってしまうのは、スーパーは毎日最も新しい商品

を仕入れるからです。前日に出荷できなかった余剰分ではなく、新しく生産された分を仕入れるのです。結果として、余剰分は出荷されないまま廃棄されることになります。

このように、食品廃棄は単なる賞味期限切れだけでなく、流通の商習慣によって発生するわけです。

ここで重要になるのが、企業にとっての廃棄コストの問題です。食品ロスは産業廃棄物として処理しなければならず、年間で多額の処理費用がかかります。

一般家庭のゴミと違い、企業の産業廃棄物は処理コストが高額になります。費用は当然企業の経費から支出されます。仮に1000万円とすると、その費用が浮けば社員2人分の人件費が賄えます。

私が年間1万本ものアメリカンドッグを支援品として企業から受け取ることができるのは、この企業側のニーズに気づいたからです。

企業にとってはもちろん社会貢献ではあるのですが、廃棄コストの削減という実務的なメリットもあるのです。

麺の調達も食品ロスに注目した仕組みです。麺工場での廃棄には、3分の1ルールによる期限切れ以外に、規格外品が出てしまう意外な理由があります。たとえば、パッケージに「100g」と表記されている製品が、実際には99gしかないような場合です。たった1gの不足でも廃棄対象となってしまいます。

こうした規格外品が発生した場合、「1gを追加すればいいのでは？」という解決策が思い浮かびます。

しかし、工場の現場では、それは現実的な選択肢とはなりません。1gを追加して再度包装しようとすると、パッケージを開封する人件費、再び包装するための人件費や材料費、箱詰めをし直す手間などがかかるからです。

品質管理も複雑化してしまいますし、1gの重量不足を修正するためのリパック作業は、廃棄するよりもコストがかかってしまいます。

工場では、このような様々な原因で発生する廃棄の処理に多額のコストが発生しているといいます。

企業の協力は、先方の良心や断りづらさにかこつけて得るようなものではありません。むしろ、ビジネス上の信頼関係による先方の合理的判断に基づいてこそ、得られるものです。特に食品の提供には転売や横流しのリスクがつきまといます。企業は一般からの支援要請には慎重にならざるを得ません。

私の場合は、自分が地元のテレビ局や新聞に定期的に取り上げられることで一定の信頼を得ることができています。メディア露出は、単なる知名度向上のためではありません。具体的な信用構築のツールとして機能しているわけです。

このように相手の本質的な課題を理解し、それを解決する方法を提案することで、持続可能な支援の仕組みをつくることができます。

持続可能な支援を目指した
――クラウドファンディングは向かなかった

食品ロスを活用する食糧支援の仕組みは、工場を見学させてもらったことで、支援に協力してもらう際の企業にとってのメリットが明確になったからこそ実現できたことでした。私は見学させてもらった経験を通じて、持続可能な食糧支援の仕組みについても考えを深めることができたのです。

実は当初は、クラウドファンディングなどで支援を集めることも検討していました。しかしクラウドファンディングでの資金集めは、結局のところ「お金をくださ い」というお願いベースの活動です。それでは「お金が集まらなければ支援できない」という根本的な課題が残ってしまいます。

工場見学を通じて分かったことは、食品ロスの裏にある経済的な現実でした。

■工場は品質管理のため、必要量以上の生産を行っている
■過剰生産分は廃棄せざるを得ない
■廃棄には多額のコストがかかっている

ここで、企業の抱える廃棄コストの問題と、支援を必要とする人々のニーズをマッチングさせることで、3者の課題が一気に解決します。

■企業：廃棄コストを削減できる
■支援を必要とする人々：必要な食品を得られる
■仲介者：寄付に頼らず活動を継続できる

このように、ビジネスの視点を活用することで、善意や寄付に依存しない、持続可能な支援の仕組みを確立させることができたのです。

支援活動には、一時的なものと持続的なものという、大きく二つの形があります。

クラウドファンディングの課題：

1 一過性の支援に終わりがちである
2 毎年実施する場合でも、その都度資金集めが必要
3 主催者自身の資金拠出が不明確
4 資金が集まらない場合、支援自体が実施できない

これに対し、私が構築した食糧支援システムの特徴：

1 毎週継続的に実施可能
2 外部からの寄付に依存しない
3 企業の経済的メリットと結びついている
4 安定的な供給体制が確立されている

持続可能な支援を実現するためには、単なる善意や寄付に頼るのではなく、企業活動の中から自然と生まれる余剰を活用する仕組みが必要です。これにより、支援者の善意だけに依存せず、経済的な合理性に基づいた継続的な支援が可能となります。こ

のように、寄付に頼らない持続可能な支援システムを確立させることで、すべての関係者にとってプラスとなる循環をつくり出すことができたのです。

僕はボランティアを始めて約30年。

「長く続ける秘訣は何ですか？」
「背伸びせず自分ができる範囲で行うこと」
いつもこう答えています。

身の丈に合った活動がいちばんです。

おわりに

無理なく協力してくれる人を増やしていく

私は今まで終業後の時間や週末を使って支援活動に取り組んできました。

活動は最初はたった一人、匿名の個人で始めた寄付でした。このままではいつか頭打ちになると考えて、知恵を絞った結果生まれた計画が「伊達直人作戦」でした。作戦は「タイガーマスク運動」として実を結び、日本全国に私の活動に共感してくれた無数の個人が現れました。

私だけのものだった個人の寄付行為は、社会現象、「運動」の形となり、大きなうねりが生まれました。

純粋に人のために役に立ちたいという心をこんなに多くの人たちが持っている。顔を隠した無数の伊達直人の登場に、私は確信を深めました。

しかし、どうしても、個人が個人として行う活動には限界がある。

個人の善意に寄りかかるだけでは続かない。個人の寄付で、目の前の問題を一時的に改善することはできたとしても、継続性がない。


そう考えた私は、支援活動のフェーズを個人から行政に移す決心をしました。それからは個人よりずっと大きな「個人の集まり」である自治体を巻き込もうとしてきました。さらには、金銭の寄付だけに依存する支援ではなく、民間の協力を取り付け、継続可能な仕組みづくりに奔走してきました。

そしていま、私はまた一段階、新たなフェーズに移ろうとしているところです。

自治体で実現できたような支援を全国に広めたい。あるいは各地の良い仕組みを全国で平等に受けられるような制度を作りたい。2025年夏の参院選に挑戦することにしたのです。


支援の規模を大きくしていく中で、私が実感したのは、「人をつくり、人をつなぐ」ことの大切さでした。

影響力を上げるとは動いてくれる人の輪を広げることです。共感してくれる人数を増やし、その人たちが動きやすいよう方法を考え、伝え、連携できるポイントを探り、つないで、大きな力を生み出すことです。そして何より、いい循環が回り続けていくことです。

私は支援活動を一緒に行ってくれる人たちにいつも言っています。

「できることだけでいいんですよ」

それが継続してくれる協力者をつくるコツ、「人をつくる」コツだと思うからです。

突出した一人の英雄をつくる必要なんてありません。

負荷をかけない、しぼませない。
ごく普通の範疇で支援を実践してくれる人をたくさんつくる。

これが、社会という大きな共同体を継続して運営していくために必要なことなのだと思っています。

そういう意味で、私の支援活動の目標は、私がいなくても回っていく支援活動を実現することです。私がいなくても日本中のどこでも回していける仕組みに、多くの人が無理せずに携われて、継続できる。

そのような社会を実現できる日を願って、今日も地道な活動を続けています。

2025年1月22日

河村正剛

著者

河村正剛（かわむら・まさたけ）

社会現象となった『タイガーマスク運動』の発端となった人物。自身が孤児として育ち、16歳から一人暮らしをしながら高校に通う。自動車整備会社勤務を経て営業職としてカラオケ機材大手に就職。24歳から児童養護施設への寄付を開始。2010年クリスマスに前橋市の児童相談所にランドセルを贈り話題となる。現在は行政や民間企業と協力し、児童養護施設やひとり親などの支援などを続けている。

X：@date19691002

タイガーマスク運動《うんどう》を始《はじ》めた人《ひと》の「つなぐ力《ちから》」

影響力《えいきょうりょく》を上《あ》げる

2025年3月10日　初版発行

著　者　河村正剛
発行者　菅沼博道
発行所　株式会社 ＣＣＣメディアハウス
〒141-8205　東京都品川区上大崎3丁目1番1号
電話 販売 049-293-9553　編集 03-5436-5735
http://books.cccmh.co.jp

ブックデザイン　山之口正和＋中島弥生子（OKIKATA）
イラスト　髙栁浩太郎
校正　株式会社文字工房燦光
DTP　有限会社マーリンクレイン
印刷・製本　株式会社新藤慶昌堂

©Masatake Kawamura, 2025 Printed in Japan
ISBN978-4-484- 22126-7

落丁・乱丁本はお取替えいたします。
無断複写・転載を禁じます。